NOVVELLES
EN VERS
TIRÉE DE BOCACE
ET DE L'ARIOSTE.

Par M. de L. F.

A PARIS,

Chez CLAVDE BARBIN, vis à vis
le Portail de la Sainte Chapelle,
au figne de la Croix.

M. DC. LXV.

AVEC PRIVILEGE DV ROY.

ADVERTISSEMENT.

LEs Nouuelles en Vers, dont ce Liure fait part au public, & dont l'vne est tirée de l'Arioste, l'autre de Bocace, quoy que d'vn style bien different, sont toutefois d'vne mesme main. L'Autheur a voulu éprouuer lequel caractere est le plus propre pour rimer des Contes. Il a creu que les Vers irreguliers ayant vn air qui tient beaucoup de la Prose, cette maniere pourroit sembler la plus naturelle, & par consequent la meilleure. D'autre part aussi le vieux langage, pour les choses de cette nature, a des graces que celuy de nostre siecle n'a pas. Les cent Nouuelles Nouuelles, les vieil-

les Traductions de Bocace & des A-
madis, Rabelais, nos Anciens Poëtes
nous en fourniſſent des preuues infail-
libles. L'Autheur a donc tenté ces deux
voyes ſans eſtre encore certain laquelle
eſt la bonne. C'eſt au Lecteur à le de-
terminer là deſſus ; car il ne pretend
pas en demeurer là, & il a deſia iet-
té les yeux ſur d'autres Nouuelles pour
les rimer. Mais auparauant il faut
qu'il ſoit aſſeuré du ſuccés de celles-cy,
& du gouſt de la pluſpart des perſon-
nes qui les liront. En cela comme en
d'autres choſes, Terence luy doit
ſeruir de modele. Ce Poëte n'eſcri-
uoit pas pour ſe ſatisfaire ſeulement,
ou pour ſatisfaire vn petit nombre de
gens choiſis ; il auoit pour but, Popu-
lo vt placerent quas feciſſet Fa-
bulas.

LE COCV BATTV,

ET CONTENT,

NOVVELLE

Tirée de Bocace par M. de L. F.

N'A pas long-temps de Rome revenoit,
Certain Cadet qui n'y profita
    guere :
Et volontiers en chemin sejournoit ;
Quand par hazard le Galand rencon-
    troit
Bon vin, bon giste, & belle Chambriere.
Avint qu'vn iour en vn Bourg arresté,
Il vid passer vne Dame iolie,
Leste, pimpante, & d'vn Page suivie,
Et la voyant il en fut enchanté.
La convoita ; comme bien sçavoit faire :
Prou de pardons il avoit rapporté,
De vertu peu, chose assez ordinaire.

La Dame estoit de gracieux maintien,
De doux regard, ieune, fringante, &
    belle;
Somme qu'enfin il ne luy manquoit rien
Fors que d'avoir vn Amy digne d'elle.
Tant se la mit le drosle en la cervelle,
Que dans sa peau peu ny point ne du-
    roit.
Et s'informant comment on l'appelloit,
C'est, luy dit-on, la Dame du Village.
Messire Bon l'a prise en mariage,
Quoy qu'il n'ait plus que quatre che-
    veux gris:
Mais comme il est des premiers du Païs,
Son bien supplée au defaut de son aage.
Nostre Cadet tout ce détail apprit,
Dont il conceut esperance certaine.
Voicy comment le Pelerin s'y prit.
Il envoya dans la ville prochaine
Tous ses valets, puis s'en fut au Châ-
    teau;
Dit qu'il estoit vn ieune Iouvenceau
Qui cherchoit Maistre, & qui sçavoit
    tout faire.
Messire Bon fort content de l'affaire,
Pour Fauconnier le loüa bien & beau;
(Non toutefois sans l'avis de sa femme.)

Le Fauconnier plut tres-fort à la Dame,
Et n'estant homme en tels pourchas
   nouveau,
Guere ne mit à declarer sa flame.
Ce fut beaucoup; car le vieillard estoit
Fou de sa femme; & fort peu la quittoit,
Sinon les iours qu'il alloit à la chasse.
Le Fauconnier qui pour lors le suivoit
Eust demeuré volontiers en sa place.
La ieune Dame en estoit bien d'accord:
Ils n'attendoient que le temps de mieux
   faire :
Quand ie diray qu'il leur en tardoit fort,
Nul n'osera soûtenir le contraire.
Amour enfin qui prit à cœur l'affaire
Leur inspira la ruse que voicy.
La Dame dit vn soir à son Mary.
Qui croyez-vous le plus remply de zele
De tous vos gens ? Ce propos entendu,
Messire Bon luy dit. I'ay toûjours creu,
Le Fauconnier garçon sage & fidelle,
Et c'est à luy que plus ie me fierois.
Vous auriez tort, repartit cette belle,
C'est vn méchant; il me tint l'autre fois
Propos d'amour , dont ie fus si surprise
Que ie pensay tomber tout de mon haut.
Car, qui croiroit vne telle entreprise ?

Dedans l'efprit il me vint anffi-toft
De l'étrangler, de luy manger la veuë :
Il tint à peu, ie n'en fûs retenuë,
Que pour n'ofer vn tel cas publier.
Mefme à deffein qu'il ne le puft nier,
Ie fis femblant d'y vouloir condefcen-
    dre :
Et cette nuit , fous vn certain poirier,
Dans le iardin, ie luy dis de m'attendre.
Mon mary, dis-je, eft toûjours auec moy,
Plus par amour, que doutant de ma foy.
Ie ne me puis dépeftrer de cét homme,
Sinon la nuit , pendant fon premier
    fomme.
D'aupres de luy tâchant de me lever ,
Dans le iardin ie vous iray trouver.
Voila l'eftat où i'ay laiffé l'affaire ,
Meffire Bon fe mit fort en colere.
Sa femme dit. Mon mary, mon efpoux,
Iufqu'à tantoft caché voftre courroux :
Dans le iardin attrappez le vous mefme;
Vous le pourrez trouver fort aifément.
Le poirier eft à main gauche en entrât :
Mais il vous faut vfer de ftatagéme.
Prenez ma iuppe, & contrefaites vous :
Vous entendrez fon infolence extréme:
Lors d'vn bâton dónezluy tant de coups,

Que le Galand demeure fur la place.
Ie fuis d'avis que le fripponneau fafle
Tel compliment à des femmes d'hon-
    neur.
L'efpoux retint cette leçon par cœur.
Onc il ne fut vne plus forte dupe
Que ce vieillard, bon-homme au de-
    meurant.
    Le temps venu d'attraper le Galand,
Meflire Bon fe couvrit d'vne iupe,
S'encerneta, s'en fut incontinent
Dans le iardin, ou ne trouva perfonne.
Garde n'avoit. Car tandis qn'il friflon-
    ne,
Claque des dents, & meurt quafi de
    froid :
Le Pelerin, qui le tout obfervoit,
Va voir la Dame, avec elle fe donne
Tout le bon-temps qu'on a, comme ie
    croy,
Lors qu'amour feul eftant de la partie,
Entre deux draps on tient femme iolie,
Femme iolie, & qui n'eft point à foy.
Quand le Galand vn affez bon efpace
Avec la Dame euft efté dans ce lieu,
Force luy fut d'abandonner la place:

Ce ne fut pas sans le vin de l'adieu.
Dans le iardin il court en diligence.
Messire Bon rempli d'impatience,
A tous momens sa paresse maudit.
Le Pelerin, d'aussi loin qu'il le vid,
Feignit de croire appercevoir la Dame,
Et luy cria. Quoy donc, méchante fem-
   me,
A ton mary tu brassois vn tel tour ?
Est-ce le fruit de son parfait amour?
Dieu soit témoin que pour toy i'en ay
   honte :
Et de venir ne tenois quasi conte,
Ne te croyant le cœur si perverty
Que de vouloir tromper vn tel mary?
Or bien, ie vois qu'il te faut vn amy :
Trouvé ne l'as en moy, ie t'en asseure,
Si i'ay tiré ce rendez-vous de toy,
C'est seulement pour éprouver ta foy,
Et ne t'atends de m'induire à luxure.
Grand Pecheur suis; mais i'ay, la Dieu
   mercy,
De ton honneur encor quelque souci;
A Monseigneur ferois-je vn tel outrage?
Pour toy tu viens auec vn front de Page,
Mais, foy de Dieu, ce bras te chastiera,

Et Monseigneur puis apres le sçaura,
Pendant ces mots l'Epoux pleuroit de
   ioye ;
Et tout raui, disoit entre ses dents,
Loüé soit Dieu, dont la bonté m'enuoye
Femme & valet si chastes, si prudens.
Ce ne fut tout. Car à grands coups de
   gaule
Le Pelerin vous luy froisse vne espaule:
De horions laidement l'accoustra :
Iusqu'au logis ainsi le conuoya.
Messire Bon eust voulu que le zele
De son Valet n'eust esté iusques-là :
Mais le voyant si sage & si fidelle
Le bon hommeau des coups se consola.
Dedans le lit sa femme il retrouva,
Luy conta tout, en luy disant : mamie,
Quand nous pourrions viure cent ans
   encor,
Ny vous ny moy n'aurions de nostre vie
Vn tel valet : c'est sans doute vn tresor.
Dans nostre Bourg ie veux qu'il prenne
   femme,
A l'auenir traitez le ainsi que moy.
Pas n'y faudray, luy repartit la Dame,
Et de cecy ie vous donne ma foy.

Extrait du Priuilege du Roy.

PAr Grace & Priuilege du Roy, donné à Paris le 14. iour de Ianuier 1664. Signé par le Roy en son Conseil PVCELLE, il est permis à Claude Barbin Marchand Libraire de nostre bonne Ville de Paris, d'imprimer ou faire imprimer *La Ioconde & la Matrone d'Ephese*, en tels volumes ou caracteres que bon luy semblera, durant le temps & espace de sept années; à compter du iour qu'il sera acheué d'imprimer : Et cependant deffences sont faites à tous Imprimeurs, Libraires, & autres personnes, d'imprimer ou contrefaire ledit Liure à peine de trois mil liures d'amende, confiscation des Exemplaires contrefaits, & de tous dépens, dommages & interests, ainsi qu'il est plus au long mentionné esdites Lettres.

Acheué d'imprimer le 10. Decembre 1664.

Les Exemplaires ont esté fournis.

IOCONDE

OV L'INFIDELITE'

DES FEMMES.

NOVVELLE PAR M.

DE L. F.

IAdis regnoit en Lombardie
Vn Prince auſſi beau que le
iour,
Et tel, que des beautez qui regnoient
à ſa Cour,
La moitié luy portoit enuie,
L'autre moitié bruſloit pour luy d'a-
mour.

A

2

Vn jour qu'il fe miroit dans le criftal
   d'vne onde;
Ie gage, ce dit-il, qu'il n'eft point
   d'homme au monde,
Qui me puiffe égaler en matiere d'ap-
   pas.
I'y mettray fi l'on veut la meilleure
   Prouince
      De mes Eftats;
Et s'il s'en rencontre vn, ie promets
   foy de Prince,
De le traiter fi bien qu'il ne s'en plain-
   dra pas.
A ce propos s'auance vn certain Gen-
   til-homme
      D'aupres de Rome.
      Sire, dit-il, fi voftre Majefté
      Eft curieufe de beauté,
         Qu'elle faffe venir mon frere;
         Aux plus charmans il n'en doit
            guere;
Ie m'y connois vn peu, foit dit fans
   vanité.
Toutefois en cela pouuant m'eftre
   flaté,
Que ie n'en fois pas crû, mais les

cœurs de vos Dames :

Du soin de guerir leurs flames

Il vous soulagera si vous le trouuez
bon.

Car de pouruoir vous seul au tour-
ment de chacune,

Outre que tant d'amour vous seroit
importune,

Vous n'auriez jamais fait, il vous
faut vn second.

Là dessus Astolphe répond,

(C'est ainsi qu'on nommoit ce Roy
de Lombardie)

Vostre discours me donne vne terrible enuie

De connoistre ce frere: amenez le nous
donc.

Voyons si nos beautez en seront
amoureuses,

Si ses appas le mettront en credit :

Nous en croirons les connoif-
seuses :

Comme tres-bien vous auez
dit.

Le Gentil-homme part & va querir
Ioconde,

  C'eſt le nom que le frere auoit.
  A la campagne il viuoit,
  Loin du commerce & du mon-
  de.

Marié depuis peu ; content, ie n'en
ſçais rien.

  Sa femme auoit de la ieuneſſe,
  De la beauté, de la delicateſſe ;

Il ne tenoit qu'à luy qu'il ne s'en trou-
uaſt bien.

  Son frere arriue, & luy fait l'am-
baſſade ;

  En fin il le perſuade.

Ioconde d'vne part regardoit l'amitié
  D'vn Roy puiſſant, & d'ailleurs
  fort aimable ;

Et d'autre part auſſi, ſa charmante
moitié,

  Triomphoit d'eſtre inconſo-
  lable,
  Et ſe diſtilloit en adieux
  A tirer les larmes des yeux.
  Quoy tu me quites, diſoit-elle,
  As tu bien l'ame aſſez cruelle,

Pour preferer à ma conftante
amour,
  Les faueurs de la Cour?
 Tu fçais qu'à peine elles durent
  vn jour;
Qu'on les côferue auec inquietude
  Pour les perdre auec defefpoir:
 Si tu te laffes de me voir,
  Songe au moins qu'en ta fo,
  litude
 Le repos regne iour & nuit :
  Que les ruiffeaux n'y font du
bruit
Qu'afin de t'inuiter à fermer la pau-
  piere.
Croy moy, ne quite point les hoftes
  de tes bois,
Ces fertiles valós, ces ombrages fi cois;
Enfin moy qui deurois me nommer la
  premiere:
Mais ce n'eft plus le temps, tu ris de
  mon amour:
Va cruel , va monftrer ta beauté fin-
  guliere;
Ie mouray, ie l'efpere, auant la fin du
  jour.

L'Histoire ne dit point, ny de quelle
   maniere

Ioconde pût partir, ny ce qu'il répon-
   dit,

     Ny ce qu'il fit, ny ce qu'il dit.

Ie m'en tais donc aussi de crainte de
   pis faire.

Disons que la douleur l'empescha de
   parler ;

C'est vn fort bon moyen de se tirer
   d'affaire.

Sa femme le voyant tout prest de s'en
   aller

L'accable de baisers, & pour comble
   luy donne

   Vn brasselet de façon fort mignóne,

     En luy disant, ne le pers pas,

     Et qu'il soit toûjours à t'on bras

Pour te ressouuenir de mon amour
   extréme :

Il est de mes cheueux, ie l'ay tissu moy
   mesme.

     Et voyla de plus mon portrait

     Que j'attache à ce brasselet.

Vous autres bonnes gens eussiez crû
   que la Dame

Vne heure apres eût rendu l'ame,
Moy qui sçais ce que c'est que l'esprit
   d'vne femme,
     Ie m'en serois à bon droit defié.
Ioconde partit donc, mais ayant oublié
      Le brasselet & la peinture
      Par ie ne sçay quelle auanture.
      Le matin mesme il s'en souuient;
Au grand galop sur ses pas il reuient,
Ne sçachant quelle excuse il feroit à
   sa femme ;
Sans rencontrer personne, & sans estre
   entendu
Il monte dans sa chambre, & voit
   prés de la Dame,
Vn lourdaut de Valet sur son sein
   étendu.
    Tous deux dormoient, de prim'a-
   bord Ioconde
Voulut les enuoyer dormir en l'autre
   monde :
     Mais cependant il n'en fit rien;
     Et mon auis est qu'il fit bien.
     Le moins de bruit que l'on peut
     faire
       En telle affaire ,
          A. iiij

Est le plus seur de la moitié.

Soit par prudence ou par pitié,

Le Romain ne tua personne.

D'éueiller ces Amans, il ne le faloit

pas :

Car son honneur l'obligeoit, en

ce cas,

De leur donner le trespas.

Vy méchante, dit-il tout bas,

A t'on remords ie t'abandonne.

Ioconde là dessus se remet en chemin,

Réuant à son mal-heur tout le long du

voyage ;

Bien souuent il s'écrie au fort de son

chagrin.

Encor si c'estoit vn blondin !

Ie me consolerois d'vn si sensible ou-

trage ;

Mais vn gros lourdaut de Valet !

C'est à quoy i'ay plus de regret,

Plus i'y pense, & plus i'enrage :

Ou l'amour est aueugle, ou bien il n'est

pas sage

D'auoir assemblé ces Amans.

Ce sont helas ses diuertissemens !

Et possible est-ce par gageure.

9

Qu'il a causé cette auanture.
Le souuenir fâcheux d'vn si perfide
tour
    Alteroit fort la beauté de Ioconde;
    Ce n'estoit plus ce miracle d'a-
    mour
Qui deuoit charmer tout le monde.
Les Dames le voyant arriuer à la Cour
    Dirent d'abord, est-ce là ce Nar-
    cisse
Qui pretendoit tous nos cœurs en-
chaîner.
        Quoy ! le pauure homme a la
        iaunisse :
    Ce n'est pas pour nous la don-
    ner.
    A quel propos nous amener
    Vn Galand qui vient de ieûner
        La quarantaine ?
On se fût bien passé de prendre tant
de peine.
Astolphe estoit rauy, le frere estoit con-
fus,
    Et ne sçauoit que penser là dessus.
Car Ioconde cachoit auec vn soin ex-
tréme.

                A v.

La cauſe de ſon ennuy :

    On remarquoit pourtant en luy

Malgré ſes yeux cauez, & ſon viſage
bleſme,

    De ſort beaux traits, mais qui ne
plaiſoient point

    Faute d'éclat & d'embon point.

Amour en eut pitié ; d'ailleurs cette
triſteſſe

Faiſoit perdre à ce Dieu trop d'encens
& de vœux ;

L'vn des plus grands ſupoſts de l'Em-
pire amoureux

Conſumoit en regrets la fleur de ſa
ieuneſſe.

Le Romain ſe vid donc à la fin ſoulagé

Par le meſme pouuoir qui l'auoit af-
fligé.

Car vn iour eſtant ſeul en vne galerie,

    Lieu ſolitaire, & tenu fort ſecret :

Il entendit en certain cabinet

Dont la cloiſon n'eſtoit que de menu-
ſerie ;

    Le propre diſcours que voicy.

    Mon cher Curtade, mon ſoucy,

    I'ay beau t'aymer, tu n'es pour

moy que glace :
    Ie ne vois pourtant Dieu mercy
    Pas vne beauté qui m'éface :
Cent Conquerans voudroient
    auoir ta place ;
    Et tu sembles la mépriser.
    Aymant beaucoup mieux t'a-
    muser
    A ioüer auec quelque Page
        Au lansquenet ,
Que me venir trouuer seule en ce ca-
    binet.
Dorimene tantost t'en a fait le mes-
    sage ;
    Tu t'es mis contre elle à iurer,
    A la maudire , à murmurer ,
Et n'as quité le ieu que ta main estant
    faite ,
Sans te mettre en soucy de ce que ie
    soûhaite.

Qui fut bien étonné, ce fut nostre Ro-
    main :
    Ie donnerois iusqu'à demain
    Pour deuiner qui tenoit ce langage,
    Et quel estoit le personnage
        A vj

Qui gardoit tant son, quant à
   moy.
Ce bel Adon estoit le nain du Roy,
   Et son Amante estoit la Reyne.
   Le Romain, sans beaucoup de
   peyne,
   Les vid en approchant les yeux
Des fentes que le bois laissoit en di-
   vers lieux.
Ces Amans se fioient au soin de Do-
   rimene ;
Seule elle auoit toûjours la clef de ce
   lieu là ;
Mais la laissant tomber, Ioconde, la
   trouua,
   Puis s'en seruit, puis en tira
   Consola tion non petite ;
   Car voicy comme il raisonna.
Ie ne suis pas le seul, & puis que même
   on quite
Vn Prince si charmant pour vn nain
   contrefait,
   Il ne faut pas que ie m'irrite,
   D'estre quité pour vn Valet.
Ce penser le console, il reprend tous
   ses charmes,

Il devient plus beau que iamais,
Telle pour luy verſe des lar-
mes
Qui ſe moquoit de ſes attraits,
C'eſt à qui l'aymera, la plus prude s'en
pique ;
Aſtolphe y perd mainte pratique;
Cela n'en fut que mieux ; il en auoit
aſſez.
Retournons aux Amans que nous a-
vons laiſſez.

Apres auoir tout vû le Romain ſe re-
tire ;
Bien empeſché de ce ſecret :
Il ne faut à la Cour ny trop voir ny
trop dire,
Et peu ſe ſont vantez du don qu'on
leur a fait
Pour vne ſemblable nouuelle :
Mais quoy Ioconde aymoit auecque
trop de zele
Vn Prince liberal qui le fauoriſoit,
Pour ne pas l'auertir du tort qu'on luy
faiſoit.
Or comme auec les Roys il faut plus

de miftere

Qu'auecque d'autres gens fans doute
il n'en faudroit,

Et que de but en blanc leur parler
d'vne affaire,

Dont le difcours leur doit dé-
plaire,

Ce feroit eftre mal à droit,

Pour adoucir la chofe, il fallut que Ioconde,

Depuis l'origine du Monde,

Fit vn dénombrement des Roys & des
Cefars,

Qu' fujets comme nous à ces com-
muns hazards,

Malgré les foins dont leur gran-
deur fe pique,

Avoient vû leurs femmes tomber

En telle ou femblable pratique,

Et l'avoient vû; fans fuccomber

A la douleur, fans fe mettre en
colere,

Et fans en faire pire chere.

Moy qui vous parle, Sire, aioûta le
Romain,

Le iour que pour vous voir ie me mis
   en chemin,
      Ie fus forcé par mon deſtin :
      De reconnoiſtre Cocuage
      Pour vn des Dieux du mariage,
     Et comme tel de luy ſacrifier.
Là deſſus il conta ſans en rien oublier
      Toute ſa déconvenuë ;
      Puis vint à celle du Roy.
Ie vous tiens , dit Aſtolphe , homme
   digne de foy ;
      Mais la choſe pour eſtre creuë
      Merite bien d'eſtre veuë:
      Menez moy donc ſur les lieux.
   Cela fut fait, & de ſes propres yeux
      Aſtolphe vid des merveilles
Comme il en entendit de ſes propres
   oreilles.
L'enormité du fait le rendit ſi confus,
Que d'abord tous ſes ſens demeure-
   rent perclus :
Il fut comme accablé de ce cruel ou-
   trage,
Mais bien-toſt il le prit en homme de
   courage,
   En galand homme , & pour le faire

court
En veritable homme de Cour.
Nos femmes, ce dit il, nous en ont
donné d'vne,
Nous voicy lâchement trahis ;
Vangeons nous en , & courons le
païs,
Cherchons par tout noftre for-
tune.
Pour reüffir dans ce deffein,
Nous changerons nos noms, ie laif-
feray mon train,
Ie me diray voftre coufin,
Et vous ne me rendrez aucune defe-
rence ;
Nous en ferons l'amour auec plus d'af-
feurance,
Plus de plaifir plus de commodité,
Que fi i'eftois fuivy felon ma qualité.
Ioconde approuua fort le deffein du
voyage.
Il nous faut dans noftre équi-
page,
Continua le Prince, auoir vn livre
blanc,
Pour mettre les noms de celles

Qui ne seront pas rebelles,
Chacune selon son rang.
Ie consens de perdre la vie,
Si devant que sortir des confins d'Italie
    Tout nostre livre ne s emplit,
Et si la plus severe à nos vœux ne se
    range :
    Nous sommes beaux, nous avons
        de l'esprit,
    Avec cela bonnes letres de change ;
        Il faudroit estre bien étrange,
        Pour resister à tant d'appas,
        Et ne pas tomber dans les laqs
De gens qui semeront l'argent & la
    fleurette,
        Et dont la personne est bien faite.

Leur ba gage estantprest, & le livre
    sur tout,
        Nos galans se mettent en voyë.
        Ie ne viendrois iamais à bout
De nombrer les faveurs que l'amour
    leur envoye :
        Nouveaux objets, nouvelle
            proye :
Heureuses les beautez qui s'offrent à

leurs yeux !
Et plus heureuſe encore celle qui peut
    leur plaire !
        Il n'eſt en la plus-part des lieux
        Femme d'Eſchevin ny de Maire,
            De Podeſtat, de Gouverneur,
            Qui ne tienne à fort grand
                honneur
            D'auoir en leur regiſtre place.
            Les cœurs que l'on croyoit de
                glace
            Se fondent tous à leur abord :
            I'entends déia maint eſprit fort
            M'obiecter que la vray-ſem-
                blance
            N'eſt pas en cecy tout à fait :
            Car, dira-t-on, quelque parfait
Que puiſſe eſtre vn galand dedans cet-
    te ſçience,
Encor faut-il du temps pour mettre
    vn cœur à bien :
        S'il en faut, ie n'en ſçais rien;
Ce n'eſt pas mon meſtier de cajoller
    perſonne :
        Ie le rends comme on me le don-
        ne ;

Et l'Ariofte ne ment pas:
Si l'on vouloit à chaque pas
Arrefter vn conteur d'Hiftoire,
Il n'auroit iamais fait, fuffit qu'en pa-
reil cas
Ie promets à ces gens quelque iour de
les croire.
Quand nos avanturiers eurent goûté
de tout,
(De tout vn peû, c'eft comme
il faut l'entendre)
Nous metrons, dit Aftolphe, autant
de cœurs à bout
Que nous voudrons en entre-
prendre;
Mais ie tiens qu'il vaut mieux
attendre.
Arreftons nous pour vn temps quel-
que part,
Et cela plûtoft que plus tard;
Car en amour comme à la table
Si l'on en croit la faculté
Diverfité de mets peut nuire à la fanté.
Le trop d'affaires nous accable;
Ayons quelque objet en com-
mun;

Pour tous les deux c'est assez
d'vn.
I'y confens, dit Ioconde, & ie fçais
vne Dame
Prés de qui nous aurons toute commodité ;
Elle a beaucoup d'efprit, elle eft belle,
elle eft femme
D'vn des premiers de la Cité.

Rien moins, reprit le Roy, laiffons la
qualité :
Sous les cottillons des grifettes
Peut loger autant de beauté
Que fous les iupes des Coquet-
tes.
D'ailleurs il n'y faut point faire tant
de façon,
Eftre en continuel foupçon,
Dépendre d'vne humeur fiere, bruf-
que ou volage :
Chez les Dames de haut paragé
Ces chofes font à craindre, & bien
d'autres encor.
Vne grifette eft vn trefor ;
Car fans fe donner de la peine,

Et fans qu'aux bals on la pro-
meine,
On en vient aifément à bout,
On luy dit ce qu'on veut, bien fouuent
rien du tout.
Le point eft d'en trouuer vne qui foit
fidelle ;
Choififfons la toute nouuelle,
Qui ne connoiffe encor ny le mal ny
le bien.
Prenons , dit le Romain, la fille de
noftre hofte ;
Ie la tiens pucelle fans faute,
Et fi pucelle qu'il n'eft rien
De plus puceau que cette belle;
Sa poupée en fçait autât qu'elle.
I'y fongeois, dit le Roy, parlons luy
dés ce foir :
Il ne s'agit que de fçauoir
Qui de nous doit donner à cette Iou-
vencelle,
Si fon cœur fe rend à nos vœux,
La premiere leçon du plaifir amou-
reux.
Ie fçais que cét honneur eft pure fan-
taifie,

Toutefois eftant Roy l'on me le doit
ceder ;

Du refte, il eft aisé de s'en accommo-
der.

Si c'eftoit dit Ioconde, vne ceremonie
   Vous auriez droit de pretendre le
     pas,

     Mais il s'agit d'vn autre cas,
     Tirons au fort, c'eft la iuftice,
     Deux pailles en feront l'office.

De la chappe à l'Evefque helas ils fe
baroient
     Les bonnes gens qu'ils eftoient.

Quoy qu'il en foit Ioconde eut l'auan-
tage,
     Du pretendu pucelage ,

La belle eftant venuë en leur chambre
le foir,
     Pour quelque petite affaire,

Nos deux Avanturiers prés d'eux la
firent feoir,

Loüerent fa beauté , tâcherent de luy
plaire ,
     Firent briller vne bague à fes yeux:
     A cét objet fi precieux
     Son cœur fit peu de refiftance;

Le marché se conclud, & dés la même
  nuit ,
Toute l'hostellerie estant dans le si-
  lence,
     Elle les vient trouuer sans bruit.
    Au milieu d'eux ils luy font pren-
      dre place,
     Tant qu'enfin la chose se passe
Au grand plaisir des trois, & sur tout
  du Romain
      Qui crut auoir rompu la glace,
      Ie luy pardonne, & c'est en vain
      Que de ce point on s'embarasse:
      Car il n'est si sotte apres tout
      Qui ne puisse venir à bout
      De tromper à ce ieu le plus sage
      du monde.
Salomon qui grand Clerc estoit
Le reconnoist en quelque endroit
Dont il ne souuint pas au bon-homme
  Ioconde.
     Il se tint content pour le coup,
     Crut qu'Astolphe y perdoit
     beaucoup;
Tout alla bien, & maistre Pucelage
     Ioüa des mieux son personnage.

Vn ieune gars pourtant en avoit essayé
Le temps à cela prés fut fort bien em-
    ployé ,
Et si bien que la fille en demeura con-
    tente.
        Le lendemain elle le fut encor
            Et mesme encor la nuit sui-
                vante.
        Ce ieune gars s'étonna fort
Du refroidissement qu'il remarquoit
    en elle :
Il se douta du fait, la guetta, la surprit,
        Et luy fit fort grosse querelle.
Afin de l'appaiser la belle luy promit ,
Foy de fille de bien, que sans aucune
    faute,
Leurs Hostes délogez elle luy don-
    neroit,
Autant de rendez-vous qu'il en de-
    manderoit.
Ie n'ay soucy , dit-il , ny d'hoste ny
    d'hostesse ;
Ie veux cette nuit mesme ou bien ie
    diray tout.
        Comment en viendrons nous
            à bout?
                            (Dit

(Dit la fille fort affligée,
De les aller trouuer ie me suis enga-
    gée,
        Si i'y manque, adieu l'anneau
        Que i'ay gagné bien & beau.
        Faisons que l'anneau nous de-
            meure,
            Reprit le garçon tout à l'heure;
Dites moy seulement, dorment-ils
    fort tous deux?
        Ouy, reprit-elle, mais entr'eux
Il faut que toute nuit ie demeure cou-
    chée,
Et tandis que ie suis auec l'vn em-
    peschée,
L'autre attend sans mot dire, & s'en-
    dort bien souuent,
        Tant que le siege soit vacant;
C'est là leur mot. Le gars dit à l'instant,
Ie vous iray trouuer pendant leur pre-
    mier somme :
        Elle reprit, ah ! gardez vous en
            bien,
        Vous seriez vn mauuais homme :
        Non, non, dit-il, ne craignez
            rien,

                        B

Et laissez ouuerte la porte.
La porte ouuerte elle laissa,
Le galant vint & s'aprocha
Des pieds du lit, puis fit en sorte
Qu'entre les draps il se glissa,
Et Dieu sçait comme il se plaça,
Et comme enfin tout se passa,
Et de cecy ny de cela
Ne se douta le moins du monde
Ny le Roy Lombard ny Ioconde.
Chacun d'eux pourtant s'éueilla,
Bien estonné de telle aubade.
Le Roy Lombard dit à par soy,
Qu'à donc mangé mon camarade?
Il en prend trop, & sur ma foy
C'est bien fait s'il deuient mala-
de.
Autant en dit de sa part le Romain.
Et le garçon ayant repris haleine,
S'en donna pour le iour, & pour le
lendemain,
Enfin pour toute la sepmaine.
Puis les voyant tous deux rendormis à
la fin,
Il s'en alla de grand matin,
Tousiours par le mesme chemin,

Et fut fuiuy de la donzelle,
Qui craignoit fatigue nouuelle.
Eux ëueillez, le Roy dit au Romain,
Frere dormez iufqu'à demain,
Vous'en deuez auoir enuie,
Et n'auez de prefent befoin que de re-
pos.
Voire, dit le Romain, mais vous-mef-
me à propos,
Vous auez fait tantoft vne terrible vie.
Moy? dit le Roy, i'ay toufiours at-
tendu ;
Et puis voyant que c'eftoit temps
perdu,
Que fans pitié ny confcience,
Vous vouliez iufqu'au bout tourmen-
ter ce tendron,
N'en ayant point d'autre raifon,
Que d'efprouuer ma patience,
Ie me fuis malgré moy, iufqu'au iour
rendormy ;
Que s'il vous euft pleu noftre amy,
I'aurois couru volontiers quelque
pofte,
C'euft efté tout, n'ayant pas la rif-
pofte,

Ainſi que vous, qu'y feroit-on ?

Pour Dieu, reprit ſon compa-
gnon,

Ceſſez de vous railler, & changeons
de matiere.

Ie ſuis voſtre vaſſal, vous l'auez bien
fait voir ;

C'eſt aſſez que tantoſt, il vous aitpleu
d'auoir

La fillette toute entiere :

Diſpoſez en ainſi qu'il vous plaira ;

Nous verrons ſi ce feu touſiours vous
durera.

Il pourra, dit le Roy, durer toute ma
vie,

Si i'ay beaucoup de nuits telles que
celle-cy.

Sire, dit le Romain, treue de raillerie,

Donnez moy mon congé, puis qu'i
vous plaiſt ainſi.

Aſtolphe ſe piqua de cette repartie,

Et leurs propos s'alloient de plus en
plus aigrir,

Si le Roy n'euſt fait venir

Tout incontinent la belle.

Ils luy dirent iugez-nous

En luy contant leur querelle,
Elle rougit, & se mit à genoux,
Leur confessa tout le mystere.
Loin de luy faire pire chere
Ils en rirent tous deux, l'anneau luy
fut donné,
Et maint bel écu couronné
Dont peu de temps apres on la vid
mariée,
Et pour pucelle employée.

Ce fut par là que nos auanturiers
Mirent fin à leurs auantures,
Se voyant chargez de lauriers
Qui les rendront fameux chez les races
futures ;
Lauriers d'autant plus beaux, qu'il ne
leur en cousta,
Qu'vn peu d'adresse, & quelques
feintes larmes,
Et que loin des dangers & du bruit des
allarmes,
L'vn & l'autre les remporta.
Tout fiers d'auoir conquis les cœurs de
tant de belles,
Et leur liure estant presque plein,

Le Roy Lombard dit au Romain,
Retournons au logis par le plus court
chemin;
    Si nos femmes sont infidelles,
    Consolons nous, bien d'autres le
    font qu'elles.
La constellation changera quelque
iour;
    Vn temps viendra que le flambeau
    d'amour,
Ne bruslera les cœurs que de pudiques
flames;
A present on diroit que quelque astre
malin,
Prend plaisir aux bons tours des maris
& des femmes :
    D'ailleurs tout l'Vniuers est plein
De maudits enchanteurs, qui des corps
& des ames,
Font tout ce qu'il leur plaist ; sçauons
nous si ces gens,
    Comme ils sont traistres & mes-
    chans,
Et tousiours ennemis, soit de l'vn soit
de l'autre,
N'ont point ensorcelé, mon espouse

& la voſtre ?
 Et ſi par quelque eſtrange cas,
Nous n'auons point creu voir , choſe
 qui n'eſtoit pas ?
Ainſi que bons bourgeois acheuons
 noſtre vie ,
Chacun prés de ſa femme, & demeu-
 rons en là ;
Peut-eſtre que l'abſence , ou bien la
 jaloūſie ,
Nous ont rendu leurs cœurs, que l'hy-
 men nous oſta.
Aſtolphe rencontra dans cette prophe-
 tie.
Nos deux auanturiers au logis retour-
 nez,
Furent tres-bien receus , pourtant vn
 peu grondez ,
  Mais ſeulement par bien-ſeance.
L'vn & l'autre ſe vid de baiſers regalé ;
On ſe recompenſa des pertes de l'ab-
 ſence ;
  Il fut danſé, ſauté, balé ;
  Et du nain nullement parlé ;
  Nÿ du valet comme ie penſe.
Chaque eſpoux s'attachant auprés de
    B iiij

fa moitié,

Vefcut en grand foulas, en paix, en
amitié,

    Le plus heureux, le plus content
    du monde ;

La Reyne à fon deuoir ne manqua d'vn
feul poinct,

    Autant en fit la femme de Ioconde,
    Autant en font d'autres qu'on ne
    fçait point.

LA
MATRONE
D'EPHESE.

Pres tout ce
que ie vous ay
dit de Petrone,
vous me trouue-
rez bien hardy
d'entrepréndre de vous faire voir en noſtre langue quelques traits de ce qui nous reſte
de ſes Ouurages: C'eſt vn eſ-
ſay que ie fais pour vous con-

B v

tenter , & qui demeurera s'il
vous plaiſt entre nous, parce
que ie ne me picque pas de la
gloire de bien eſcrire , & que
ie ſuis perſuadé qu'il n'eſt pas
aiſé d'attaindre à la politeſſe
de cét Autheur. Ie ſçay qu'il
a des graces inimitables , qu'il
y a vne certaine fleur d'eſprit
dans la maniere dont il s'ex-
prime, qu'elle ſe pert dés qu'elle paſſe en d'autres mains , que
l'on trouue en tout ce qu'il dit
vn air ſi naturel & ſi aiſé , vn
tour ſi fin & ſi delicat , qu'on
ne ſçauroit rendre beauté pour
beauté , ny le traduire ſans le
defigurer. Ie voudrois bien
neantmoins, vous pouuoir conter auſſi agreablement que luy,
ſa Nouuelle de la Matrone
d'Epheſe, que vous auez tant

d'enuie d'entendre, sans rien
desrober de sa gloire ny de
vostre plaisir.

Apres qu'Eumolpe eut ga-
renty ses amis du danger où
ils s'estoient trouuez dans le
vaisseau de Licas, & que par
son courage & son adresse il
eût desarmé la colere de tous
ceux qui estoient entrez dans
la querelle pour l'vn ou l'autre
des deux partis. Il n'oublia
rien pour calmer ce qui pouuoit rester de ressentiment dans
les Esprits ; & pour asseurer
cette reconciliation il fit si
bien, qu'on ne parla plus que
de se diuertir ; & tournant la
conuersation sur des matieres
agreables, il la fit tomber enfin sur l'attachement qu'ont la
pluspart des femmes à donner

de l'amour, & fur le plaifir
qu'elles ont d'eftre aimées, fur
leur legereté à s'engager dans
de nouuelles paffions, & la facilité qu'elles ont à s'en dega-
ger.

Eumolpe qui n'auoit iamais
eu de tendreffe pour le fexe,
& qui n'auoit pas cette dif-
cretion qui oblige les honne-
ftes gens à cacher ce qu'ils en
penfent, dit cent chofes plai-
fantes, pour faire voir qu'elles n'eftoient tendres que par
foibleffe ou par caprice; qu'elles n'eftoient fidelles que par
l'intereft, la crainte, ou le def-
faut d'occafions, que la co-
quetcrie eftoit le fonds de leur
humeur, & que leur vertu
n'eftoit qu'vne habileté à la
déguifer. Il dit que leur ame

n'eſtoit pas moins fardée que
leur viſage, & qu'il y auoit de
l'artifice en toutes leurs paro-
les & leurs actions, mais ſur
tout dans leurs larmes. Il dit
que c'eſtoit là le fort de leur
deſguiſement, & le plus grand
art dont elles ſe ſeruoient pour
tromper les hommes, qu'apres
ce qu'il auoit veu il ſe defie-
roit toute ſa vie de ces femmes
qui font vanité de leurs ſoû-
pirs, & qui veulent ſe ſigna-
ler par la monſtre d'vne incon-
ſolable douleur.

Tifreine & ſes femmes eſ-
coutoient ce diſcours auec
beaucoup d'impatience, & vou-
loient interrompre Eumolpe;
mais il eſtoit en poſſeſſion de
dire toutes choſes, & de les
dire ſi plaiſamment, qu'il auoit

touſiours ies rieurs de ſon coſté.
Comme il vit donc que le reſte de la compagnie ſouhai-
toit d'apprendre ce qu'il auoit
veu, & qu'hormis Tifreine
tout le monde auoit les yeux
attachez ſur luy, pour donner
attention à ce qu'il alloit conter. Il commença de la ſorte.

Vne Dame recommendable
par la reputation deſa vertu,
autant que par les charmes de
ſa beauté, eſtoit l'ornement &
l'admiration de la Ville d'E-
pheſe, & les femmes meſmes
des pays voiſins venoient la
voir par curioſité comme vne
merueille. Le Ciel luy auoit
donné vn Eſpoux digne d'Elle; mais le bon-heur dont ils
ioüiſſoient tous deux ne fut
pas de longue durée, & la

mort de cét Efpoux termina
bien-toſt le cours d'vne felici-
té que tout le monde regardoit auec enuie.

Elle paruſt ſi ſenſible à cette
perte, que toutes les marques
d'vne douleur ordinaire eſtoiét
trop fōibles pour exprimer la
ſienne. Elle ne ſe contenta pas
ſelon la couſtume, d'aſſiſter
toute eſcheuelée à la pompe
funebre de ſon mary, de fon-
dre en larmes, & de ſe battre
la poitrine deuant le peuple
qui accompagnoit le Conuoy.
Elle voulut ſuiure le defunt
iuſqu'au monument, & l'ayant
fait embaūmer & mettre dans
vn cercueil, elle le fit porter
dans vn ſepulchre à la mode
des Grecs : Et comme ſi la
mort n'auoit pas eu le pouuoir

de les feparer, elle fe refolut
à ne point quitter le Corps, à
pleurer nuit & iour, & fe laiffer mourir de faim aupres de
luy.

Ses parens & fes amis ne
purent la deftourner d'vne refolution fi cruelle, & les Ma-
giftrats voyans que leurs Con-
feils, ny mefme leur authori-
té ne gaignoient rien fur cét
efprit tout occupé de fon defefpoir, furent contraints de
l'abandonner. Cette Dame
enfin deuenuë plus illuftre par
l'excés de fa douleur, qu'elle
ne l'eftoit auparauant par fa
vertu, ny par fa beauté, auoit
paffé trois iours fans prendre
aucune nourriture, n'ayant
pour toute compagnie qu'vne
femme fidelle & affectionnée,

qui mefloit fes larmes à celles
de fa Maiftreffe, & prenoit le
foin d'entretenir la lumiere
qui les efclairoit dans l'obfcu-
rité de cette grotte. On ne
parloit d'autre chofe dans la
ville d'Ephefe ; vne vertu fi
rare faifoit l'entretien le plus
ordinaire du monde, & chacun la propofoit comme vn
exemple admirable d'amour &
de fidelité.

Dans le mefme temps le
Gouuerneur de la Prouince
ayant fait attacher en Croix
quelques voleurs, tout proche
de la trifte demeure où la ver-
tueufe Dame fe confumoit en
regrets au pied du cercueil de
fon cher Efpoux : Le Soldat
commandé pour garder les
Croix, de peur que les Corps

ne fuſſent enleuez, aperceut
durant les tenebres & le ſilen-
ce de la nuit, la lumiere qui
eſtoit dans le monument, &
creut entendre les plaintes
d'vne perſonne affligée ; auſſi-
toſt par vn mouuement de curioſité commun à tous les hommes, il s'aduança quelque pas
de ce coſté-là, pour ſçauoir
ce que ce pouuoit eſtre ; mais
entendant redoubler les meſmes plaintes, il deſcendit enfin dans la grotte pour s'éclair-
cir de la verité.

Au bruit qu'il fit en entrant
cette Dame deſolée tourna de-
uers luy les yeux, qu'elle tenoi
auparauãt attachez ſur le corp
de ſon mary ; mais ſi malgré ſ
douleur elle fut ſurpriſe de l'a
bord de cét inconnu, il ne l

fut pas moins par vn spectacle
si lugubre, & par la veuë de
la plus belle personne du monde. Il eust bien de la peine à
s'asseurer si ce n'estoit point
vne illusion, & si ce corps qu'il
voyoit estendu, & ces femmes
qui le gardoient, n'estoient pas
autant de fantosmes.

Dés qu'il fut reuenu de son
premier estonnement, il vît
bien que ces objets deuoient
causer plus de compassion que
de crainte, & par les plaintes
qu'il entendoit, il comprit le
sujet d'vne affliction si extraordinaire : Il remarqua mesmes
sur le visage abbatu de cette
illustre affligée, des charmes
que la douleur & l'abstinence
n'auoient que bien peu dimi-
nués : Et comme l'amour s'in-

finuë aifément dans les cœurs
par la pitié, il la pleignit &
l'ayma prefque en vn mefme
moment, & commençant defia
de s'intereffer à fa conferua-
tion, il fut chercher quelque
nourriture , & la porta auffi-
toft dans ce tombeau.

Il n'oublia rien pour l'exhor-
ter à ne perfeuerer pas dauan-
tage dans vne refolution fi fu-
nefte & des regrets fuperflus.
Il luy dit, que la fortie de ce
monde eftoit la mefme pour
tous les hommes, & qu'il falloit aller tous en mefme lieu.
Il luy reprefenta que la fin de
la vie eftant inéuitable, les regrets de fa perte eftoient inutiles. Il fe feruit enfin de toutes les raifons que l'on employe
d'ordinaire pour adoucir de

femblables afflictions : mais au
lieu de fe montrer fenfible à la
confolation de cét inconnu,
elle redoubloit les efforts de
fa douleur, fe meurtriffoit le
vifage auec plus de violence
qu'auparauant, & s'arrachoit
les cheueux qu'elle iettoit fur
le cercueil de fon cher Efpoux,
comme de nouueaux facrifices
de fon amour & de fon defefpoir.

Le foldat ne fe rebuta point
de cette obftination, & s'ima-
ginant qu'il pourroit la flefchir
plus aifément par l'exemple de
fa fuiuante, il effaya de per-
fuader celle-cy par toutes fortes de moyens. Comme fa douleur eftoit moins forte, &
qu'elle n'auoit pas trop bien
refolu de fe laiffer mourir de

faim, elle ne sceut resister plus
long-temps au pressant besoin
de manger , & à la veuë des
viandes qui la tentoient da-
uantage que tous les discours
de ce consolateur. Enfin elle
se laissa vaincre, & surmon-
tant vn reste de pudeur qu'elle
auoit de monstrer moins de
courage que sa Maistresse, elle
tendit la main pour receuoir
le secours qu'on luy offroit si
genereusement.

Dés qu'elle eust repris quelque vigueur par vn peu de
nourriture, elle se mit à com-
battre elle-mesme vne douleur si opiniastre par toutes les
raisons que son amitié, ou l'enuie de sortir d'vn si triste lieu
luy purent inspirer: Que vous
seruira , disoit-elle à sa Mai-

streſſe, de vous enſeuelir toute viue dans ce Tombeau, &
de vouloir rendre à la deſtinée
vne ame qu'elle ne vous de-
mande pas encore.

N'*exercez point ſur vous ces in-*
  juſtes rigueurs,
Que voſtre deſeſpoir eſpargne vn
  peu vos charmes,
Les Dieux peu touchez de vos lar-
  mes,
Ne vous rendront iamais l'objet de
  vos douleurs,
La mort eſt vn monſtre inflexible,
    Et ce corps inſenſible,
Ne ſe peut r'animer par l'excés de
  vos pleurs ;
    Renoncez à la triſte gloire ;
D'eſtre fidelle, & tendre pour vn
  mort,
Vos regrets ne ſçauroient, changer

l'ordre du fort,

Perdez de vostre amour la funest
memoire,

Songez à viure ; & cessez de pleu
rer,

Malgré de vostre Espoux la pert
douloureuse,

Il ne tient qu'à vous d'estre heu
reuse,

Vous auez dans vos yeux dequoy l
reparer.

Si celuy que vous pleurez
auec tant d'amertume estoit
à vostre place, il seroit sans
doute plus raisonnable que
vous n'estes, & se consoleroit
plus aisément de vous auoir
perduë. Croyez-moy, deffaites-
vous d'vne foiblesse dont les
seules femmes sont capables,
& ioüissez des auantages de la
lumiere

lumiere tant qu'il vous sera
permis. Ce corps que vous
voyez deuant vous , vous
aprend aſſez quel eſt le prix
& la brieueté de la vie, &
vous aduertit que vous deuez
mieux la ménager.

La faim, & le deſir naturel
de ſe conſeruer, ſont de puiſ-
ſans ſeducteurs en de pareilles
occaſions ; & la perſonne du
monde la plus deſeſperée, a
bien de la peine à ſe deffendre
d'eſcouter ceux qui luy con-
ſeillent de viure ; Il ne faut
donc pas trouuer eſtrange, ſi
ette femme qui paroiſſoit ſi
reſoluë à mourir de ſa douleur,
fut contrainte de ſuccomber à
ces perſuaſions, & à l'exemple
de ſa ſuiuante.

Ce Soldat officieux voyant
C

qu'il auoit gagné fur elle vne chofe qui luy paroiffoit d'abord impoffible, porta fes defirs plus loing ; & comme l'amour nous fait imaginer de la facilité dans toutes les chofes qu'il nous fait defirer, il creut trouuer encore moins de refiftance dans la vertu de cette belle affligée, qu'il n'auoit fait dans fon defefpoir.

Et pour en venir à bout, il luy dit tout ce que les premiers feux d'vne paffion, aidée d'vne grande efperance & d'vne occafion fauorable peuuent infpirer de plus touchant. Le ieune homme ne paroiffoit à la prude, ny defagreable de fa perfonne, ny fans efprit : Elle commençoit à remarquer qu'il faifoit toutes chofes auec beau-

coup de grace, & qu'il n'eſtoit
pas incapable de perſuader :
Deſia cette ſimpathie ſecrette,
qui fait plus ſouuent & pluſtoſt
que l'eſtime la liaiſon des
cœurs, agiſſoit ſi fortement
ſur le ſien, que les conſeils de
la ſuiuante, qui n'oublioit rien
pour reconnoiſtre les graces de
leur bien-faicteur, acheuerent
de la gagner.

Pouuez-vous, luy diſoit-elle,
moins faire pour celuy qui
vous a ſauué la vie, que de
reſpondre à ſon amour, & puis
que vous rencontrez heureu-
ſement en luy dequoy vous
conſoler de la perte que vous
auez faites, eſtouffez ſi vous
me voulez croire dans la dou-
ceur d'eſtre aimée, le reſte de
voſtre douleur.

C ij

C'eſt pouſſer trop long-temps
d'inutiles ſoupirs,
Ne vous oppoſez point à ces iuſtes
deſirs,
La nature vous dit, qu'il eſt doux de
les ſuiure,
Ce n'eſt pas aſſez que de viure,
Il faut viure pour les plaiſirs.

Il eſt aiſé de s'imaginer le reſte, & qu'il falloit vn cœur
plus inſenſible que le ſien con-
tre de ſi fortes attaques. Le
moyen apres tout qu'vne femme abbatuë par vne ſi longue
abſtinence, & l'excés de ſon
déplaiſir, eût la force de reſi-
ſter à la violence d'vn ſoldat
entreprenant & paſſionné, ou
pluſtoſt comme ſe pouuoit-elle
deffendre d'aimer, & de ſatisfaire vn homme à qui elle

auoit de si grandes obligations.

Ils demeurerent ensemble non seulement la premiere nuit d'vne auanture si rare , mais encore le lendemain & le iour d'apres dans cette grotte, les portes si bien fermées , que quiconque y fut venu , auroit pensé sans doute que cette femme , que l'on croyoit la plus honneste du monde, auoit expiré sur le corps de son mary.

Le Soldat charmé de la beau-té de sa Máistresse, & du secret de sa bonne fortune, alloit pendant le iour achepter dequoy luy faire bonne chere , & le portoit dans le monument dés que la nuit estoit venuë. Cependant les parens de l'vn de ces Voleurs que l'on auoit pen-

dus, s'estant aperçeus qu'il n'y
auoit plus de garde auprés
d'eux, enleuerent le Corps, &
luy rendirent les derniers de-
uoirs; mais le Soldat, à qui
les soins de son plaisir auoient
fait negliger ceux de sa char-
ge, voyant le lendemain qu'il
n'y auoit plus de corps à l'vne
de ces Croix, tout effrayé de
la crainte du chastiment qu'il
auoit merité, reuint trouuer sa
Maistresse, & luy conter le mal-
heur qui venoit de luy atri-
uer.

Il n'alloit pas moins que de
la vie dans la faute qu'il auoit
faite, & sçachant combien le
Gouuerneur de la Prouince
estoit seuere, il desesperoit de
sa grace, & ne vouloit point
attendre sa condemnation. Il

estoit donc resolu de se faire
iustice luy-mesme, & de punir
sa negligence de sa propre
main, pour éuiter la honte du
suplice : Il sembloit que rien
ne le pouuoit destourner de
cette pensée, & qu'vne mort
violente alloit rauir à cette
belle le second objet de son
amour. Il la supplioit desia d'a-
uoir soin de sa sepulture, & de
le mettre dans ce mesme Tombeau, qui deuoit estre fatal à
son Espoux & à son Amant.
Il estoit enfin sur le point d'exe-
cuter vn dessein si funeste ;
Lors que cette Dame, qui durant son discours n'auoit son-
gé qu'aux moyens de l'empescher, arresta le coup de son
desespoir.

Aux Dieux ne plaise, s'é-

cria-t-elle, que ie fois reduite
à regretter en mefme temps la
perte de deux perfonnes qui me
font fi cheres, puis qu'il y a des
expediens pour m'en garentir :
il eft iufte que ce qui me refte
de l'vne, ferue à me conferuer
l'autre, & i'ayme bien mieux
voir pendre le mort, que de
voir perir le viuant.

A ces mots le Soldat tout
tranfporté de ioye, fe iette aux
pieds de fa Maiftreffe, & rauy
du confeil ingenieux d'vne
femme fi auifée, il confeffe que
fon amour & fes feruices font
trop heureufement recompen-
fez : Apres cela, ils fe mirent en
deuoir tous trois de tirer le
corps du Cercueil, le Soldat
le chargea fur fes efpaules, &
fit fi bien, qu'il l'attacha fur

cette Croix, d'où l'on auoit enleué l'autre.

Le lendemain deux amis du mort pouffez de la curiofité d'aprendre ce qu'eſtoit deue-nuë ſa vertueuſe femme, s'en allerent de bonne heure vers le Tombeau: Ils s'entretenoient en chemin des loüanges d'vne fidelité ſi extraordinaire, & quand ils furent proche des Croix, ils leuerent par hazard les yeux ſur celle qui eſtoit le plus prés d'eux, où ils recon-nurent le viſage de leur amy, dont les traits eſtoient encore aſſez remarquable : La peur les ſaiſit à vn tel poinϲt, qu'au lieu d'aller iuſqu'au monu-ment pour s'en aſſeurer da-uantage, ils coururent tous ef-frayez vers la ville d'Epheſe,

où ils firent auec peine le recit
de ce qu'ils venoient de voir.
La nouuelle s'en répandit aussi-
toft, & le peuple accourût en
foule pour voir vn spectacle si
nouueau, chacun se disant
auec estonnement : *Comment se
peut-il faire, qu'vn mort soit
sorty du Cercueil pour aller au gi-
bet.*

En cét endroit Eumolpe fut
contraint de finir son conte,
parce qu'il se fit vn si grand
esclat de rire dans toute la
Compagnie, qu'on ne luy donna plus d'attention. Les Mari-
niers qui s'estoient approchez
pour l'entendre, s'en retourne-
rent à leurs Manœuures en bat-
tant des mains, sur vne auanture si plaisante. Et Thifrene
mesme qui durant le recit d'Eu-

molpe en auoit rougy plus d'vne
fois pour l'honneur de son Se-
xe, ne pût s'empescher d'en
soufrire. Le seul Licas qui
auoit vn fonds de mauuaise humeur, capable d'empoisonner
toutes les ioyes du monde, se
prit à dire en branslant la teste
d'vn air chagrin : Si i'auois esté
à la place du Gouuerneur de la
Prouince, i'aurois fait desta-
cher le mort de cette Croix,
& l'aurois fait remettre dans
le Tombeau auec les mesmes
honneurs que la premiere fois,
& i'aurois fait pendre en sa
place auec toutes les marques
d'infamie vne si meschante
femme. Ce iugement fust
trouué si à contre-temps, &
de si mauuais goust, qu'on
ne fit pas seulement semblant

60 LA MATRONE, &c.
de l'entendre, & chacun se re-
mit à rire plus fort qu'auparauant.

FIN.

www.ingramcontent.com/pod-product-compliance
Lightning Source LLC
LaVergne TN
LVHW022016080426
835513LV00009B/752